# BEI GRIN MACHT SICH IHR WISSEN BEZAHLT

- Wir veröffentlichen Ihre Hausarbeit, Bachelor- und Masterarbeit

- Ihr eigenes eBook und Buch - weltweit in allen wichtigen Shops

- Verdienen Sie an jedem Verkauf

**Jetzt bei www.GRIN.com hochladen und kostenlos publizieren**

Stefan Maschack

**Literaturbericht zum Fachbuch "Klientenzentrierte Gesprächsführung. Eine Lern- und Praxisanleitung für helfende Berufe. 8. Auflage" von Dr. Sabine Weinberger**

GRIN Verlag

**Bibliografische Information der Deutschen Nationalbibliothek:**

Die Deutsche Bibliothek verzeichnet diese Publikation in der Deutschen Nationalbibliografie; detaillierte bibliografische Daten sind im Internet über http://dnb.d-nb.de/ abrufbar.

Dieses Werk sowie alle darin enthaltenen einzelnen Beiträge und Abbildungen sind urheberrechtlich geschützt. Jede Verwertung, die nicht ausdrücklich vom Urheberrechtsschutz zugelassen ist, bedarf der vorherigen Zustimmung des Verlages. Das gilt insbesondere für Vervielfältigungen, Bearbeitungen, Übersetzungen, Mikroverfilmungen, Auswertungen durch Datenbanken und für die Einspeicherung und Verarbeitung in elektronische Systeme. Alle Rechte, auch die des auszugsweisen Nachdrucks, der fotomechanischen Wiedergabe (einschließlich Mikrokopie) sowie der Auswertung durch Datenbanken oder ähnliche Einrichtungen, vorbehalten.

**Impressum:**

Copyright © 2003 GRIN Verlag GmbH
Druck und Bindung: Books on Demand GmbH, Norderstedt Germany
ISBN: 978-3-640-86133-0

**Dieses Buch bei GRIN:**

http://www.grin.com/de/e-book/22984/literaturbericht-zum-fachbuch-klientenzentrierte-gespraechsfuehrung-eine

**GRIN - Your knowledge has value**

Der GRIN Verlag publiziert seit 1998 wissenschaftliche Arbeiten von Studenten, Hochschullehrern und anderen Akademikern als eBook und gedrucktes Buch. Die Verlagswebsite www.grin.com ist die ideale Plattform zur Veröffentlichung von Hausarbeiten, Abschlussarbeiten, wissenschaftlichen Aufsätzen, Dissertationen und Fachbüchern.

**Besuchen Sie uns im Internet:**

http://www.grin.com/

http://www.facebook.com/grincom

http://www.twitter.com/grin_com

Hochschule Bremen
Fachbereich Sozialwesen
Studiengang Soziale Arbeit
Lehrbereich 1
Lehrveranstaltung: Einführung in die Gesprächsführung

Literaturbericht
zum
Fachbuch

Klientenzentrierte Gesprächsführung,
Eine Lern- und Praxisanleitung für helfende Berufe
8.Auflage

Stefan Maschack

# Inhaltsverzeichnis

1. **Einleitung** 1
1.1 Bibliographische Daten 1
1.2 Angaben zu der Autorin 1
1.3 Zielsetzung der Autorin 1
1.4 Der Aufbau des Literaturberichtes 2

2. **Übersicht über den Aufbau des besprochenen Buches und Darstellung des Inhalts der einzelnen Kapitel** 2

3. **Vertiefende Darstellung des Kapitel 1:**
   Das klientenzentrierte Konzept 4
3.1 Echtheit (Kongruenz) 5
3.2 Positive Wertschätzung 5
3.3 Einfühlendes Verstehen 6
3.4 Kritische Reflexion nichtadäquater Verhaltensweisen 7
3.5 Selbstexploration des Klienten 7
3.6 Focusing 8
3.7 Rogers`Persönlichkeitstheorie 8
3.8 Forschungsergebnisse zur Klientenzentrierten Psychotherapie 9
3.9 Die klientenzentrierte Grundhaltung in der psychosozialen Praxis 10
3.10 Berufsspezifische Fragen zur Realisierung der Klientenzentrierten Grundhaltung 10

4. **Schlussbetrachtung** 10

# 1 Einleitung

Der vorliegende Literaturbericht befasst sich mit einem Fachbuch über die Klientenzentrierte Gesprächsführung. Ich habe dieses Buch ausgewählt, weil mich diese von Carl Rogers erarbeitete und formulierte Form der Gesprächsführung besonders interessiert. Insbesondere das diesem Ansatz zugrundeliegende Persönlichkeitsbild finde ich spannend und interessant. Aber nicht zuletzt der methodische und didaktische Ansatz der Autorin eine Anleitung zu verfassen, die sich an der Praxis orientiert und für die berufliche Praxis vorbereiten soll, hat meine Auswahl positiv beeinflusst.

## 1.1. Bibliographische Daten

Das diesem Literaturbericht zugrunde liegende Buch heißt Klientenzentrierte Gesprächsführung, eine Lern- und Praxisanleitung für helfende Berufe, und liegt mir in der 8. Auflage von 1998 vor. Es ist im Beltz Verlag bei Weinheim und Basel erschienen und von Dr. Sabine Weinberger verfasst worden.

## 1.2. Angaben zu der Autorin

Sabine Weinberger, geboren 1951 hat die Fächer Psychologie und Pädagogik an der Universität Regensburg studiert. Sie ist Diplom-Psychologin und promovierte Philosophin. Weiterhin hat sie eine Ausbildung zur Psychotherapeutin absolviert und praktiziert in eigener Praxis. Zusätzlich zu dieser Qualifikation ist Frau Weinberger Ausbilderin in Klientenzentrierter Psychotherapie und Gesprächsführung.
Von 1975 bis 1979 war Sabine Weinberger Dozentin für Klientenzentrierte Gesprächsführung und Klientenzentrierte Spieltherapie an der Fachhochschule Regensburg.
Von 1978 bis 1990 hatte sie einen Lehrauftrag für Klientenzentrierte Gesprächsführung und Klientenzentrierte Spieltherapie an der Stiftungsfachhochschule München.
Seit 1978 ist die Autorin Lehrbeauftragte für Klientenzentrierte Gesprächsführung und Spieltherapie an der Universität Bamberg.

## 1.3. Zielsetzung der Autorin

Die Autorin wollte mit diesem Buch zwei Gruppen von Personen ansprechen. Einerseits soll der Berufsgruppe der Pädagoginnen, Psychologinnen, Ärztinnen, Erzieherinnen und Heilerziehungspflegerinnen, sowie Studentinnen dieser Fachrichtungen mit dieser Praxisanleitung sich *einen Einstieg in die Klientenzentrierte Gesprächsführung erarbeiten können*(S.11) und Kursleiterinnen soll das Werk als *Rahmeninstrument*(S.11) dienen, um bei entsprechenden Lehrveranstaltungen einen Strukturierten Aufbau und Übungsmaterial zu haben, um sich vermehrt auf den Aspekt des *Erfahrungslernen*(S.11) konzentrieren zu können. Hierbei geht Sabine Weinberger in der vorliegenden 8. Auflage inhaltlich darum, der Leserin
- zu ermöglichen, *für die Beziehung, die sie in verschiedenen beruflichen Situationen mit Klienten oder Personen aufnehmen*(S.15) sensibel zu werden;
- ermöglichen zulernen, *die Klienten und ihre Probleme deutlicher wahrzunehmen und zu verstehen, und aus dem Verstehen heraus die geeignete Hilfe zu finden*(S.15);
- ermöglichen zu lernen, *inwieweit sie die Klienten bei Entscheidungsfindungen und Problemlösungsprozessen hilfreich unterstützen können, und*
- Anregung zu geben, *sich bei entsprechender Neigung und Eignung in diese Richtung fortzubilden*(S.15)

Um diese Ziele zu erreichen stehen 4 Bemühungen im Vordergrund. Es sind dies:
- Neben einer ausgiebigen theoretischen Einführung, in der die *Prinzipien, Ziele und Anwendungsmöglichkeiten der Klientenzentrierten Gesprächsführung und auch einschlägige empirische Befunde vorgestellt und diskutiert werden*(S.17) gibt es auch einen praktischen Teil, mit dem anhand von *Übungen die Klientenzentrierte Gesprächsführung erlernt werden kann*(S.16).
- Der Versuch den Leserinnen zu zeigen, wie im Rahmen der Klientenzentrierten Gesprächsführung durch eine *gezielte Intervention konkrete Einstellungs- und/oder Verhaltensänderungen*(S.16) erreicht oder zumindest eingeleitet werden können.
- *Eine klare didaktische Aufbereitung des Lernstoffes mit genauen Angaben über Lernziele, Lernmethode und Lernkontrolle, um so die ablaufenden Lernprozesse effektiver und transparenter zu gestalten*(S.16).
- *Eine möglichst praxisbezogene Darstellung der Klientenzentrierten Gesprächsführung*(S.16) zu erreichen. Dazu wurden reale Falldarstellungen aus dem Feld der Sozialen Arbeit aufgeführt, die es dann im Rollenspiel ermöglichen konkrete Beratungssituationen zu üben.

## 1.4. Der Aufbau des Literaturberichtes

Der Literaturbericht ist folgendermaßen aufgebaut und gegliedert: Neben den im ersten Kapitel zusammengefassten bibliographischen Daten zum besprochenen Buch und der Autorin werde ich mich im zweiten Kapitel um eine grobe Übersicht über das Werk bemühen. Das geschieht in Orientierung an der vorhandenen Inhaltsangabe der Lern- und Praxisanleitung. Im dritten Teil gebe ich den Inhalt des 1. Kapitels vertieft wieder. In Kapitel 4 des Literaturberichtes werde ich eine eigene Stellungnahme formulieren, in der ich das Buch kritisch würdige.

## 2. Übersicht über den Aufbau des besprochenen Buches und Darstellung des Inhalts der einzelnen Kapitel

Die Lern- und Praxisanleitung besteht aus folgenden Teilen:

1. Einem Abschnitt, in dem die bibliographischen Angaben zur Autorin und die einzelnen Vorworte zu den verschiedenen Auflagen enthalten sind. Das umfasst die Seiten 5 bis 14.
2. Einem einleitendem Abschnitt, der aus Übungen besteht, die eine *„Bestandsaufnahme" des gegenwärtigen Gesprächsverhaltens*(S.17) bieten soll und einem *Überblick über den Stellenwert und die Bedeutung der Klientenzentrierten Gesprächsführung in der Sozialen Arbeit*(S.17). Dieser Teil erstreckt sich von Seite 15 bis Seite 29.
3. Der Abschnitt, in dem einerseits in Form von *theoretischen Lernabschnitten die Prinzipien, Ziele und Anwendungsmöglichkeiten der Klientenzentrierten Gesprächsführung dargestellt und diskutiert werden* und andererseits in Form von praktischen *Lernabschnitten die vorgestellten und hinsichtlich ihrer Bedeutung diskutierten Interventionen geübt werden*(S.17).

Dabei bestehen die *theoretischen Lernabschnitte aus einzelnen inhaltlich zusammenhängenden Themen*(S.17), die folgendermaßen aufgebaut sind:
- Operationalisierte Lernziele zum Thema,
- Eine theoretische Erläuterung des Themas,
- Ggfs. Übungen zur Verdeutlichung des Stoffes und
- Testaufgaben, die der Vertiefung und Überprüfung der angegebenen Lernziele dienen sollen

Die praktischen Lernabschnitte sind in Übungseinheiten untergliedert die zum Inhalt haben:
- das Lernziel,
- die Lernmethode und
- die Lernkontrolle.

Bei den Testaufgaben kommen Multiple-Choice-Aufgaben, Zuordnungsaufgaben, Ergänzungsaufgaben und die freie Aufgabenbeantwortung zur Anwendung. Dieser Teil ist in sieben Kapitel aufgeteilt. Er erstreckt sich über die Seiten 29 bis 214.
Im ersten Kapitel ( S.39 bis S.117) wird das klientenzentrierte Konzept dargestellt und erläutert. Dabei werden die Elemente Echtheit, Positive Wertschätzung und Einfühlendes Verstehen definiert und erklärt. Hinzu kommt eine Darstellung von Rogers' Persönlichkeitstheorie und es werden Fragen zur Realisierung der Klientenzentrierten Grundhaltung erörtert. Näheres siehe Abschnitt 3.
In den Kapiteln 2 (S.118 bis S.127) und 4 (S.165 bis S. 173) werden Übungen angeboten und besprochen. Im zweiten Kapitel sind es Übungen zur Verwirklichung der klientenzentrierten Grundhaltung, im vierten Kapitel sind Differentielle Interventionen Thema der Übungen, die im dritten Kapitel (S.128 bis S. 164) erläutert werden.
Im fünften Kapitel (S. 174 bis S. 201) wird die Anwendung des Klientenzentrierten Konzeptes thematisiert. Dazu findet eine Abgrenzung zu anderen psychotherapeutischen Ansätzen statt; weiter werden einzelne Elemente der Gesprächssituation aufgelistet und Anwendungsbereiche des Klientenzentrierten Konzepts genannt.
In Kapitel 6 (S. 202 bis 207) werden verschiedene Gesprächssituationen geübt.
Kapitel 7 (S. 208 bis 214) hat einen Lernzielorientierten Test zu den theoretischen Lernabschnitten zum Inhalt.

4. Einem Abschnitt (Kapitel 8, Seite 215 bis 268), der Erfahrungsberichte aus der psychosozialen Praxis enthält und zeigen soll, welche Möglichkeiten sich für die Anwendung der Klientenzentrierten Gesprächsführung ergeben und mit welchen Schwierigkeiten gerechnet werden muß.
5. Einem Anhang, in dem die Lösungen der Testaufgaben genannt sind, die verwendeten Fachausdrücke erklärt werden, Vorschläge für die organisatorische und zeitliche Durchführung der Lern- und Praxisanleitung als Veranstaltung an Fachhochschulen enthalten sind und die Erläuterung eines Orientierungsseminars im Rahmen der Ausbildung in Klientenzentrierter Gesprächsführung. Der Anhang beginnt auf Seite 269 und geht bis Seite 301.

# 3. Vertiefende Darstellung des Kapitel 1: Das klientenzentrierte Konzept

Das 1.Kapitel beginnt mit einem Test (2 Übungen), der dem Leser eine Bestandsaufnahme seines Gesprächsverhaltens ermöglichen soll. Dazu wird im Rahmen einer Instruktion der Verlauf der Übung erläutert. In der ersten Übung sollen die Leser sich in 2er-Gruppen aufteilen und im Rollenspiel eine Beratungssituation durchspielen. Um den Start der Übung zu erleichtern, werden Themenvorschläge für das Gespräch genannt.

In der zweiten Übung werden dem Leser 8 verschiedene Ausschnitte von Beratungsgesprächen mit jeweils 5 unterschiedlichen Antwortmöglichkeiten des Therapeuten vorgelegt. Der Leser soll nun die Antwort auswählen, die er am ehesten als Therapeut geben würde. In der Auswertung des 2. Testes wird daraufhingewiesen, dass jede der 5 Antworten für eine unterschiedliche Antworttendenz steht. Die verschiedenen Tendenzen sind:

- das Bagatellisieren,
- das Fragen stellen,
- das Ratschlag geben,
- das Werturteil fällen und
- der Versuch die Probleme aus der Sicht des Klienten zu sehen (Klientenzentrierte Gesprächsführung).

Anschließend werden der Begriff und die Bedeutung der Klientenzentrierten Gesprächsführung erläutert. Die Klientenzentrierte Gesprächsführung geht auf den Psychologen Carl R. Rogers zurück, der diese Form der Psychotherapie ab 1942 in den USA entwickelt hat. Reinhard Tausch hat diesen Ansatz ab 1956 in Deutschland als *Gesprächspsychotherapie*(S.29) eingeführt. Dieser Therapieansatz gehört zu den am häufigsten angewandten Therapiemethoden.

Im Anschluss werden die Hauptmerkmale der Klientenzentrierten Psychotherapie genannt: Es sind dies die Ausgangshypothese, die von Rogers formuliert, als Zitat angeführt wird.

*Wirksame Beratung besteht aus einer eindeutig strukturierten, gewährenden Beziehung, die es dem Klienten ermöglicht, zu einem Verständnis seiner Selbst zu gelangen, das ihn befähig, aufgrund dieser neuen Orientierung positive Schritte zu unternehmen* (S.30).

Ausgangspunkt dieses Konzeptes ist die Annahme, dass jeder Klient in sich die Fähigkeit hat, sich selbst konstruktiv zu entwickeln (Rogers: *Selbstaktualisierungstendenz*). Im Rahmen einer psychotherapeutischen Beratungssituation wird vom Therapeuten versucht eine Beziehung zum Klienten herzustellen, die als Grundlage und Bedingung die folgenden drei Therapeutenvariablen beinhalten.

1. Echtheit bzw. Kongruenz, d.h. der Therapeut tritt dem Klienten als Person und in Form einer Rolle gegenüber.
2. Positive Wertschätzung, d.h. der Klient wird als Person geachtet unabhängig davon, was er sagt oder tut.
3. Einfühlendes Verstehen, d.h. der Therapeut versucht den Klienten so zu verstehen, wie er Dinge sieht und wahrnimmt.

Diese drei Variablen werden im weiteren Verlauf noch näher bei Sabine Weinberger in den Abschnitten 1.1 bis 1.3 dieses Kapitels erläutert.

Ziel des Klientenzentrierten Ansatzes ist es, keine Interpretationen, Ratschläge oder fertige Lösungen anzubieten, sondern die Auseinandersetzung mit emotionalen Prozessen zu fördern, um das Finden neuer Wege und Betrachtungsweisen zu ermöglichen.

Die Autorin verweist in diesem Zusammenhang auf den Unterschied zwischen den Begriffen Klientenzentrierter Gesprächsführung und Klientenzentrierter Psychotherapie. Sie nennt neun

Dimensionen, die die verschieden Akzente von Beratung und Therapie verdeutlichen und von Esser formuliert wurden. Esser hat sich bei seiner Auflistung auf die 5 Dimensionen bezogen, die von Steffler und Grant 1972 definiert wurden(siehe S. 34).
Anschließend wird die Klientenzentrierte Gesprächsführung methodisch in die soziale Einzelfallhilfe eingeordnet.

## 3.1 Echtheit (Kongruenz)

Zu Beginn des Abschnitts werden die Lernziele der Autorin definiert. Es sind dies:
- Verschiedene Ausprägungen der Einstellung Echtheit unterscheiden zu können.
- Erklären können, was durch Echtheit im Gespräch bewirkt wird.

Die Autorin beschreibt die „Echtheit" bzw. Kongruenz in Anlehnung an die Aussagen von Rogers als die *grundlegendste*(S.39) Bedingung der Klientenzentrierten Gesprächsführung, die auch nicht einfach erlernt werden kann, sondern eine grundlegende Einstellung darstellt. Das kann allerdings im Rahmen der persönlichen Weiterentwicklung, quasi als ein Sich-selbst-Kennenlernen erworben werden. Weiter wird auf die verschiedenen Schätzskalen (Truax, Carkhuff und Pfeiffer) zur Messung des Merkmals Echtheit verwiesen und die 5-stufige Skala von Carkhuff und Pfeiffer unter Nennung von Beispielen vorgestellt.
Die Bedeutung der Echtheit wird mit folgenden Argumenten belegt:

- Der Klient kann nur dann Vertrauen fassen und sich über seine emotionalen Erlebnisse Klarheit verschaffen, wenn der Berater ihm als Person und nicht als Rollenträger begegnet.
- Durch die Echtheit des Beraters wird der Klient angeregt, in seinem Verhalten selber offener und echter zu sein.

Abschließend wird darauf verwiesen, dass die Zielvorstellung kongruent bzw. echt zu sein, immer in Abhängigkeit von der Entwicklung des Beziehungsprozesses zwischen Berater und Klient abhängig ist, und eine dynamische Qualität hat.
Anhand einer Übung wird die Ausprägung von Echtheit in verschieden Äußerungen dargestellt und sollen vom Leser eingeordnet werden.

## 3.2 Positive Wertschätzung

Zu Beginn des Abschnitts werden die Lernziele der Autorin definiert. Es sind dies:
- Verschiedene Ausprägungen des Merkmals Positive Wertschätzung unterscheiden können.
- Die Wirkungen der Positiven Wertschätzungen kennen zu lernen.

Positive Wertschätzung wird so beschrieben, dass der Berater sich bemüht, dem Klienten eine nicht an Bedingungen geknüpfte Wertschätzung entgegenzubringen, unabhängig von den Äußerungen oder Handlungen des Klienten. Hierbei geht es nicht darum, alles was der Klient sagt oder tut inhaltlich zu teilen, sondern den Klienten spüren zulassen, dass die Beziehung zwischen Berater und Klient losgelöst ist von inhaltlichen Differenzen. In diesen Zusammenhang wird auf den hohen Stellenwert der nonverbalen Kommunikation innerhalb dieses Teils der Klientenzentrierten Gesprächsführung verwiesen. Es ist wichtig den Klienten durch Gestik, Mimik und Körpersprache zu vermitteln, dass ihm eine bedingungsfreie Wertschätzung und Anteilnahme entgegengebracht wird.

Auch in diesem Abschnitt wird die Schätzskalen von Carkhuff und Pfeiffer verwiesen, die helfen sollen die unterschiedlichen Ausprägungen der „Positiven Wertschätzung" zu unterscheiden. Bezüglich der Bedeutung der „Positiven Wertschätzung" wird darauf hingewiesen, dass sie kaum von dem Kennzeichen „Echtheit" getrennt werden kann und die folgenden Konsequenzen für den Klienten möglich sind:
- Das Gefühl akzeptiert zu werden ist ein Grundbedürfnis der Menschen und gerade für unzufriedene Menschen bzw. Klienten ist es doppelt wichtig, Akzeptanz zu spüren.
- Achtung und Akzeptanz durch den Berater an die Adresse des Klienten gerichtet, bewirkt, das der Klient die Möglichkeit hat seine Selbstachtung und Selbstakzeptanz zu vergrößern und somit eine konstruktive Persönlichkeitsentwicklung vorzunehmen.

Bezüglich der Verwirklichung der „Positiven Wertschätzung" als erlernbaren Bestandteil der Klientenzentrierten Gesprächsführung wird auf verschiedeneVerhaltensweisen verwiesen. Es sind dies:
- *Verhaltensweisen, die unbedingte positive Wertschätzung ausdrücken,*
- *Verhaltensweisen, die über mehr Kongruenz zu unbedingter positiver Wertschätzung führen* und
- *Fördernde Verhaltensweisen aus dem Bereich des einfühlenden Verstehens*(S.51).

Zu diesen Verhaltensweisen werden Beispiele genannt. Am Ende des Abschnitts werden Übungsaufgaben angeboten und anhand einiger Aussagen zum Thema „Positiver Wertschätzung" eine Lernkontrolle angeboten.

### 3.3 Einfühlendes Verstehen

Als Lernziele für diesen Abschnitt werden folgende genannt:
- Zwei Informationskanäle des Beraters nennen,
- Verschiedene Ausprägungen des Merkmals Einfühlendes Verstehen nennen und bezgl. ihrer Ausprägung unterscheiden können,
- Lernen, wie „Einfühlendes Verstehen" operrationalisiert ist,
- Therapeutenäußerungen mithilfe einer Skala einschätzen können,
- Äußerungen, die ein Maximum an „Einfühlendem Verstehen" haben erkennen können.

Als Grundbedingung eines Beratungsgesprächs wird das richtige Zuhören genannt. Es geht hier darum die wichtigsten (akustisch und visuell) der verschiedenen Kommunikationskanäle kennenzulernen, um das ganze *emotionale Empfinden des Klienten aufnehmen zu können und den Klienten aus seinem Bezugsrahmen heraus verstehen lernen( S.55).*
Beim akustischen Kommunikationskanal ist es wichtig auf den Inhalt des Gesprächs zu achten und dabei Tonfall, Sprechtempo und Sprechpausen zu registrieren. Beim visuellen Kommunikationskanal ist es wichtig die Mimik und Gestik des Klienten zu beachten, um Informationen über die Gefühlslage des Klienten zu erhalten.
Rogers hat „Einfühlendes Verstehen" als den Versuch beschrieben, *sich in das Erleben des anderen einzufühlen*(S.56). Das geschieht über den Versuch den Klienten anzuregen, sich mit den durch das Erlebte verursachten Gefühlen und Empfindungen auseinander zusetzen. Dabei sollte der Therapeut darauf achten, dass seine Erwiderungen fragend formuliert sind und nicht in Form einer Feststellung ausgesprochen werden.
Sabine Weinberger verweist auf die verschiedenen Merkmalsskalen von Truax und Carkhuff, die es ermöglichen „Einfühlendes Verstehen" operational zu definieren. Als Beispiel wird eine 12-stufige Skala von Truax angeführt, mit der festgestellt werden kann, inwieweit die Gefühle des Klienten vom Therapeuten reflektiert werden.

Wichtig ist der Hinweis der Autorin darauf, dass „Einfühlendes Verstehen" nicht als Technik oder Methode anzusehen ist, sondern eine Einstellung repräsentiert. Es geht nicht darum, das vom Klienten Erzählte *papageienhaft*(S.60) zu wiederholen.
Bezüglich der Bedeutung des „Einfühlenden Verstehens" für den Klienten werden folgende Punkte angeführt:
- Dadurch, dass der Klient keine Bewertung erfährt, hat er die Möglichkeit angstfrei über seine Emotionen und Konflikte zu sprechen und eine Klärung vorzunehmen.
- Der Klient erfährt, dass der Berater ihm aktiv zugewandt ist.
- Der Klient sieht ein Modell für einen Offenen und spannungsfreien Umgang mit seinen Gefühlen.
- Dem Therapeuten fällt es durch das tatsächliche Verstehen viel leichter den Klienten zu akzeptieren.

Am Ende dieses Abschnitts werden Übungen zum Zuhören und zum „Einfühlenden Verstehen" angeboten.

## 3.4 Kritische Reflexion nichtadäquater Verhaltensweisen

Folgende Lernziele werden genannt:
- Nichtadäquate Verhaltensweisen des Therapeuten erkennen und nennen können,
- Begründen können, warum das rationale Erklären von Problemen (Intellektualisieren) und das Erteilen von Ratschlägen (Dirigieren) dem Klienten nicht hilft,
- Vorgegebene nichtadäquate Berateräußerungen zuordnen können.

Anhand von Beispielen werden nichtadäquate Verhaltensweisen beschrieben. Dabei handelt es sich um das Bagatellisieren, das Diagnostizieren, das Dirigieren, das Examinieren, das Sich identifizieren, das Interpretieren, das Moralisieren und das Intellektualisieren.
Mithilfe von Übungen und einer Lernkontrolle wird dem Leser die Möglichkeit gegeben, das Gelesene zu reflektieren und den Lernerfolg zu überprüfen.

## 3.5 Selbstexploration des Klienten

In diesem Abschnitt lautet das Lernziel genannte Klientenäußerungen anhand einer Schätzskala nach dem Ausmaß der „Selbstexploration" einordnen zu können.
Die „Selbstexploration" wird von der Autorin als der Vorgang beschrieben der es dem Klienten möglich macht über seine emotionalen Erlebnisse zu sprechen und sich über seine gefühlsmäßigen Einstellungen, Bewertungen, Wünsche und Ziele um Klarheit bemüht. Dieser Vorgang wird ermöglicht durch die Beziehung zwischen Therapeut und Klient, die gekennzeichnet ist durch „Positive Wertschätzung", „Kongruenz" und „Einfühlendes Verstehen" seitens des Beraters.
Durch das Erkennen und verbalisieren der Emotionen und Empfindungen in den Äußerungen des Klienten, hat der Klient die Möglichkeit sich seinen Emotionen zuzuwenden und sie zu reflektieren.
Auch hier wird auf die Messskalen von Truax verwiesen, die in 9 Stufen die Selbstexploration des Klienten deutlich machen. Ergänzt werden diese einzelnen Stufen mit Beispielen von Klientenäußerungen.

## 3.6 Focusing

Der Leser soll nach der Lektüre dieses Abschnitts in der Lage sein, das Focusing-Konzept beschreiben zu können.

Sabine Weinberger erläutert, dass das Focusing-Konzept von der Fragestellung ausgeht, worin der Unterschied zwischen Klienten besteht, die sich im Laufe einer Therapie verändern und denen, die sich nicht verändern. Ein Mitarbeiter von Carl Rogers, E.T Gendlin hat festgestellt, dass die Art wie die Klienten sprechen das Kriterium der Unterscheidung ist. Er nannte diesen Vorgang ursprünglich „Experiencing" und meinte damit, das es den Klienten durch das vorsichtige Begleiten seitens des Therapeuten möglich ist, auf die eigene Befindlichkeit zu hören und dadurch eine Veränderung im Verhalten herbeizuführen. Im Rahmen von theoretischen und praktischen Studien ist es Gendlin gelungen ein Konzept zu entwickeln, das als Focusing-Konzept bekannt ist. Dieses Konzept ist in 6 Schritte unterteilt und beschreibt den Prozess, der stattfindet, wenn ein Klient seine innere Erlebniswelt wahrnimmt und Veränderungen stattfinden.
Die Autorin macht deutlich, dass es im Rahmen einer Einführung zu weit führen würde das gesamte Konzept zu erläutern und verweist auf weitere Literatur.
Eine Lernkontrolle mit verschiedenen Aussagen zum Focusing-Konzept schließt diesen Abschnitt ab.

## 3.7 Rogers`Persönlichkeitstheorie

Diesen Abschnitt werde ich etwas mehr vertiefen und detaillierter wiedergeben als die vorgenannten, da er meiner Ansicht nach grundlegend für das Verstehen und Erlernen des Klientenzentrierten Gesprächskonzeptes ist.
Im Rahmen dieses Abschnitts sind der Autorin folgende Lernziele wichtig:
- Der Leser soll nach der Lektüre grundlegende Thesen von Rogers`Persönlichkeitstheorie erkennen können.
- Der Leser soll bestimmen können, wie nach Rogers`Angst- und Verteidigungshaltungen verändert werden können.

Zu Beginn des Abschnitts wird das Persönlichkeitskonzept von Rogers dargestellt. Es ging Rogers darum den Vorgang zu beschreiben, der stattfindet, wenn ein Klient sein Verhalten im Rahmen einer Therapie verändert. Es handelt sich hierbei um ein dynamisches veränderbares Persönlichkeitsmodell.
Folgende Grundannahme über den Menschen werden von Rogers getroffen:
Jeder Mensch hat in sich das Bestreben sich selber zu verwirklichen und soweit möglich Unabhängig zu werden. Rogers spricht hier von der *Aktualisierungstendenz*(S.97). Dieser Tendenz stehen die Realität die Verhaltensweisen der Umwelt gegenüber. Während ein Kleinkind sein Handeln danach ausrichtet, ob sie positiv oder negativ im Verhältnis zur Aktualisierungstendenz stehen, kommt es im weiteren Verlauf immer stärker zu einer Konfrontation mit den Normen und Werten anderer Personen oder Institutionen. Diese Werte und Normen können dann im Gegensatz zum eigenen Wertesystem stehen. Rogers spricht in diesem Zusammenhang von dem *organisimischen Wertesystem*(S.97), das uns Menschen angeboren ist. Hier kann es dann zu einem Konflikt kommen, der darin begründet ist, dass wir ein Bedürfnis nach positiver Wertschätzung durch andere haben. Es kommt dann zu der Bildung eines *Selbstkonzeptes*(S.97), das sich an der Norm- und Wertvorstellungen unserer Umwelt orientiert. Dieses Selbstkonzept ist nach Rogers *das Bild, das eine Person von sich hat; es umfasst alle*

*Erfahrungen, die ein Mensch bisher mit sich, d.h. mit seinen Wahrnehmungen, Gefühlen und Fähigkeiten gemacht hat* (S.98). Mit anderen Worten ergibt sich für den Menschen dann ein Konflikt, wenn das Selbstkonzept und das organismische Wertesystem nicht deckungsgleich sind. Dieses Selbstkonzept, das wir individuell von uns haben steuert unsere Wahrnehmung und das hat Einfluss auf unser Verhalten. Rogers formuliert daraus die These, dass es keine objektive Realität gibt, sondern nur eine durch das Selbstkonzept geprägte subjektive Wahrnehmung. Das hat für die Beratungsrealität die Konsequenz, dass der Berater in der Klientenzentrierten Gesprächsführung versucht, eben diese subjektive Wahrnehmung des Klienten zu verstehen. Die in der Beratung zu behandelnden Ängste und Spannungen entstehen beim Klienten, wenn ihm bewusst wird, dass er einen Widerspruch zwischen Selbstkonzept und organismischen Erfahrungen in sich trägt. Als Handlungsmuster ist oft ein Leugnen oder eine verzerrte Darstellung der Erfahrung zu beobachten. Als Lösungsansatz bietet sich hier der Versuch eine Kongruenz zwischen Selbstkonzept und organisimischen Erfahrungen wiederherzustellen. Als Vorraussetzung dafür nennt Rogers die Fähigkeit des Klienten sein Selbstkonzept dynamischer zu gestalten. Es geht dann darum dem Klienten zu ermöglichen die Grenzen seines Selbstkonzeptes um die realen Erfahrungen zu erweitern. Besteht eine explizite Diskrepanz zwischen dem Bild, das der Klient von sich hat und dem wie er gerne sein möchte spricht Rogers von einem *neurotischem und rigidem Selbstkonzept*(S.100).

Sabine Weinberger verweist in ihrem Buch an dieser Stelle auf weiterführende Literatur zu diesem Thema und ich nennt folgende Artikel und Bücher des Autors und anderer zu diesem Thema:
1. „Eine Theorie der Psychotherapie, der Persönlichkeit und der zwischenmenschlichen Beziehungen", Gwg-Verlag, Köln 1989,
2. „Entwicklung der Persönlichkeit", Klett, Stuttgart 1973,
3. „Lernen in Freiheit", Kösel, München 1974 und
4. „Die Kraft des Guten", Kindler, München 1978

Im weiteren Verlauf dieses Abschnitts nennt die Autorin in Ansätzen die Kritik, die an Rogers` Persönlichkeitstheorie, die unter anderem von Martin 1975 formuliert wurde. Hauptkritikpunkt ist die Annahme von Carl Rogers, dass jeder Mensch den Drang nach Selbstverwirklichung und nach konstruktiver Veränderung in sich hat. Die Vertreter der Psychoanalytischen und der Lerntheoretischen Schule gehen eher von einem *angeborenem Destruktionstrieb*(S.101) bzw. der *Selbstaktualisierung als einen erlernten Trieb aus*(S.101). Ein weiterer Kritikpunkt ist das Fehlen einer Handlungsanweisung für den Berater bezüglich seiner Interventionsmöglichkeiten.

Die abschließende Lernkontrolle in diesem Abschnitt ermöglicht dem Leser zu erkennen, welche Thesen die Persönlichkeitstheorie von Rogers beinhaltet und wie Angst- und Verteidigungshaltungen abgebaut werden können.

## 3.8 Forschungsergebnisse zur Klientenzentrierten Psychotherapie

In diesem Teil des Buches gibt die Autorin einen kurzen Überblick über den Stand der Forschung zu diesem Thema. Die Untersuchungen, welche die Effektivität der drei Grundhaltungen messen, kommen zu dem Ergebnis, dass eine hohe Ausprägung eben dieser Merkmale bei den Klienten zu einer Veränderung des Verhaltens führen können. Gerade im Bereich der psychischen Erkrankungen, des Borderline-Syndroms, der Anorexie-Bulimie und der Alkoholabhängigkeit haben Studien ergeben, dass die Klientenzentrierte Psychotherapie vermehrt angewendet wird.

## 3.9 Die klientenzentrierte Grundhaltung in der psychosozialen Praxis

In diesem Abschnitt gibt Sabine Weinberger allgemeine sowie spezielle Hinweise, die für den Berater bei der Anwendung der Klientenzentrierten Grundhaltung in dem jeweiligen Arbeitsfeld wichtig sind. Es ist dies der Hinweis darauf, dass es bei der Klientenzentrierten Grundhaltung es sich um eine grundlegende Einstellung des Beraters gegenüber dem Klienten handelt. In Bezug auf die Rahmenbedingungen innerhalb dieses Konzeptes werden der lebensgeschichtliche Hintergrund und die momentane Situation des Beraters ebenso wie der/die des Klienten hervorgehoben. Ebenfalls wird darauf hingewiesen, das die Gestaltung der Beratungssituation (Zeitplanung, Auftragsklärung u.ä.) wichtig für den Erfolg der Klientenzentrierten Gesprächsführung ist. Anhand eines Beispiels aus der behördlichen Sozialarbeit wird das verdeutlicht.

## 3.10 Berufspezifische Fragen zur Realisierung der klientenzentrierten Grundhaltung

Hier werden von der Autorin, Probleme und Fragen angesprochen und vertieft, die nach ihrer Erfahrung häufig im Rahmen der Ausbildung in Klientenzentrierter Gesprächsführung thematisiert werden. Es wird angeregt diese Fragestellungen im Gruppengespräch näher zu thematisieren. Bei den dargestellten Fragen und Problemen handelt es sich hauptsächlich um Themen über die Kompatibilität der Klientenzentrierten Gesprächsführung mit den besonderen beruflichen Anforderungen in der Sozialen Arbeit.

## 4. Schlussbetrachtung

Meine Erwartungen, die ich mit der Lektüre des Buches zu Anfang verbunden habe, wurden weitgehend erfüllt. Es ist der Autorin gelungen mir mithilfe der Darstellung des Aufbaus des Buches den Einstieg zu erleichtern. Ich konnte mir gleich zu Anfang ein umfassendes Bild darüber machen, was vermittelt werden soll, wie es vermittelt werden soll und das halte ich für besonders gelungen, welchen Bezug der vermittelte Stoff zur Berufsrealität hat. Dadurch wurde eine Art Spannung aufgebaut, die sich eigentlich über die gesamte Lektüre gehalten hat. Mein Interesse an der Klientenzentrierten Gesprächsführung wurde durch die Übungen zur Bestandsaufnahme des gegenwärtigen Gesprächsverhaltens noch gesteigert und hat es mir möglich gemacht mich im Lernprozess zu reflektieren. Ich bin der Auffassung, dass der Anspruch der Autorin Wert zu legen, auf eine klare didaktische Aufbereitung des Lernstoffes durch die Formulierung der Lernziele und Lernmethode sowie der Möglichkeit der Lernkontrolle in kleinen Schritten erfüllt wurde.
Sicherlich ist das Buch mehr geeignet für die Gruppenarbeit, aber dennoch bin ich der Auffassung, das es sich sehr gut auch für das Selbststudium eignet.

Abschließend möchte ich noch eine eigene Stellungnahme zu dem Ansatz der Klientenzentrierten Gesprächsführung formulieren.
Die Arbeitssituation von Sozialarbeiterinnen ist unter anderem dadurch gekennzeichnet, dass es um die Auseinandersetzung mit Menschen unterschiedlichster Herkunft, Bildung und persönlichem Hintergrund geht.

Gerade diese Verschiedenheit der Menschen mit denen sich Sozialarbeit beschäftigt, macht es nach meiner Auffassung notwendig einerseits das Fachwissen und Methoden zu haben, um dieser Vielfalt zu begegnen und sie einordnen zu können. Andererseits erscheint es mir fast wichtiger eine grundsätzliche Achtung vor sich selbst und den Individuen, denen man begegnet zu haben. Diese Achtung umfasst kein starres Bild von den Menschen, sondern eher ein Fundament auf dessen Grundlage es mir möglich ist den differenzierten Problemstellungen privat und im Beruf unvoreingenommen zu begegnen. Und gerade hier setzt meiner Auffassung nach der Ansatz von Carl Rogers elementar an. Die von ihm definierten Begriffe der Echtheit, Kongruenz und der Positiven Wertschätzung sind eine Möglichkeit nicht nur in der Beratungssituation, sondern auch in anderen Situationen den Menschen zu begegnen. Dabei möchte ich noch einmal betonen, dass es sich eben nicht um eine Methode oder Technik handelt, sondern als eine Einstellung zu betrachten ist, die im Rahmen der Selbstentwicklung und Selbsterfahrung erlernt werden kann. Ausgehend von dieser Einstellung und dem Persönlichkeitsbild, das Rogers formuliert hat, erscheint es mir auch für die Sozialarbeiterinnen einfacher eine sinnbringende und konstruktive Beziehung zwischen ihm und dem Adressaten aufzubauen. Die Gefahr, dass die Sozialarbeiterinnen sich die spezifische Problemstellung des Klienten zu eigen machen und die unbedingt notwendige Distanz verlieren, kann durch den Ansatz von Rogers meiner Meinung nach verringert werden. Ich denke, dass die Klientenzentrierte Gesprächsführung mehr ist als eine Form der Gesprächsführung, sie ist vielmehr eine Art Grundlage für das Arbeiten mit Menschen in unterschiedlichsten Situationen und Lebenslagen. Allerdings glaube ich, dass der Umgang mit Menschen generell es verbietet sich strikt an Methoden oder Vorgehensweisen zu halten. Vielmehr ist ein dynamischer Prozess der Überprüfung eigener Ansichten, Werturteile und angewandter Methoden notwendig.

Der vorliegende Literaturbericht befasst sich mit einem Fachbuch über die Klientenzentrierte Gesprächsführung. Ich habe dieses Buch ausgewählt, weil mich diese von Carl Rogers erar-beitete und formulierte Form der Gesprächsführung besonders interessiert. Insbesondere das diesem Ansatz zugrundeliegende Persönlichkeitsbild finde ich spannend und interessant. (...)

www.grin.com

Dokument Nr. V22984
http://www.grin.com
ISBN 978-3-640-86133-0